Les pétales de mon cœur

© 2025 Emma Salerno
Édition : BoD · Books on Demand,
31 avenue Saint-Rémy, 57600 Forbach,
bod@bod.fr
Impression : Libri Plureos GmbH,
Friedensallee 273, 22763 Hamburg
(Allemagne)
ISBN : 978-2-3225-5904-6
Dépôt légal : Avril 2025

Les pétales de mon cœur

Emma SALERNO

(Instagram: @plume_espoir)

Écrire : écrire **pour avoir
la sensation de vivre**.

Écrire pour dire « **Je t'aime** ».

Illustré par Tony BOUVIER

(Instagram : @toonbou_art)

L'amour remplit mon âme et m'évade de mes états d'âme.

Pour toutes les personnes qui ont un jour marqué ma vie, pour toutes celles que j'ai aimées, celles que j'ai perdues et celles qui sont restées à mes côtés : ce recueil parle de vous. Des sentiments que j'ai éprouvés et de l'amour que je vous ai porté.

Voici mon tout premier recueil après tant d'années à en avoir rêvé, mélangeant tristesse, joie, amour et amitié. Il est comme un hommage à ces belles histoires qui réparent nos cœurs des blessures du passé, qui nous montrent que le soleil peut tout de même briller.

J'espère que dans mes mots, vous retrouverez une part de vous-même, de vos histoires à travers les miennes et qu'elles vous aideront, vous accompagneront.

Bonne lecture <3

Pour tous les pétales de mon cœur.

Pour toutes mes peines de cœur.

Et pour mon cœur amoureux.

Amoureux de l'amour.

Emma

La pluie est tombée,

   puis le soleil s'est levé

La pluie est tombée

Les feuilles d'automne sont tombées.

Mon cœur a fané et l'hiver est arrivé.

La pluie est tombée et mon cœur a fini par se noyer.

Les fleurs ont fané

Les pétales sont tombés sur le sol,

Les fleurs ont perdu leurs couleurs vives,

et mon cœur a fané avec elles.

les pétales de mon cœur

Tu n'es plus avec moi à présent et pourtant,
j'entends encore le son de ta voix.
Souvenirs si jolis des moments où tu étais
présente dans ma vie.

Aujourd'hui, tu as disparu en emportant
tout ce que nous avions vécu.
J'avance désormais sans toi.
Cela est si compliqué.

Je n'arrive pas à t'oublier.
*Resteras-tu à jamais marquée dans mon
cœur ?*
En moi pour l'éternité ?

Comment avancer sans toi à mes côtés ?

En te perdant, j'ai perdu tous mes repères,
tout ce qui me tenait en vie.
Désormais, il ne reste plus qu'une faille
des fragments de ma vie.

Nos souvenirs me collent à la peau :
partout où je vais, je te vois.

J'ai perdu l'une des plus grandes batailles de
ma vie : celle de te garder à mes côtés.

emma salerno

Elle était ma meilleure amie,
celle sur qui je pouvais toujours compter.
Aujourd'hui, elle m'a oubliée
et ne m'aimera plus jamais.

À notre enfance que nous ne revivrons plus,
à l'amie que j'ai perdue.

les pétales de mon cœur

Tu t'es envolée,
dans un endroit loin de ma portée.

Je ne connaîtrai jamais ton nom
et ce don que tu avais sur moi.

Tu parvenais à me faire oublier
mes problèmes.
Tu égayais mes journées.

Mais tu n'es plus là.
Tu es partie sans même me dire pourquoi,
sans me donner d'explications.

J'avais besoin que tu restes
et tu es partie
en me laissant le cœur en miettes.

J'attendrai.

J'attendrai sans cesse ton retour.
Que tu reviennes me chercher.
Que tu me dises à quel point je t'ai manqué
et que tu ne veux plus jamais me quitter.
Que tu veuilles me voir pour
me prendre dans tes bras.
Passer du temps avec moi.
Et pouvoir vivre tout cela,

seulement toi et moi.

les pétales de mon cœur

Reviens près de moi.
Je n'attends que toi.

Quelqu'un ressentira probablement pour toi
ce que j'ai ressenti le jour où nous nous
sommes connus. Ce jour où j'ai su qu'il
s'agirait de toi et de personne d'autre.
Je pensais que tout cela nous mènerait à
devenir quelque chose : mais finalement non.

J'ai rêvé et me suis attachée à cette image
que je t'avais donnée.
À cette histoire que je voulais vivre,
à ce personnage que je voulais que tu sois.

Malheureusement, les choses ne se sont
pas passées comme je l'espérais.
Tu ne m'as pas choisie comme je l'imaginais
si souvent dans mon esprit.

les pétales de mon cœur

J'aurais dû passer mon chemin,
ne pas m'être retournée et t'avoir regardé
droit dans les yeux ce jour-là.
J'aurais dû vivre sans ce scénario
que j'avais imaginé de nous deux.

Peut-être que le but de ton arrivée
dans ma vie était de me faire comprendre
que je pouvais aimer un jour,
mais que tu n'étais pas celui que j'étais
destinée à aimer pour l'éternité ?
Peut-être est-ce un autre qui m'attend ?

Grâce à toi, je sais reconnaître mes
sentiments, mais il faut désormais que j'efface
ceux que je ressens pour toi.
Cette autre personne m'aimera probablement
de la manière dont j'aurais rêvé
que tu le fasses.

Tu n'étais pas la destination finale :
seulement l'escale de mon voyage.

les pétales de mon cœur

Tu resteras toujours gravé dans ma mémoire,
dans ce voyage dans lequel
mon cœur a pris part.

Il faut que j'accepte que ce n'est pas toi
qui m'es destiné et que je ne suis pas celle
qui t'est destinée.

N'oublie simplement pas que j'ai existé.

Quand elle posera ses lèvres sur les tiennes,
je ne pourrai m'empêcher d'imaginer que
c'est moi que tu embrasses.

Quand vous vous tiendrez la main,
je ne cesserai d'imaginer
que c'est la mienne que tu serres.

Et ce regard, ce regard amoureux que tu lui
lanceras, la joie que tu auras quand tu la verras
rentrer dans la pièce :
j'aurais voulu qu'il soit pour moi.

Mais je te souhaite d'être heureux.
Que ton cœur soit comblé et que ton âme
ne soit jamais en peine.
Qu'aucune larme ne coule sur tes joues
un jour à cause d'elle.

Je regretterai toujours de t'avoir perdu.
D'avoir perdu ma chance à tes côtés.

Maintenant, il ne me reste plus qu'à avancer,
continuer ma route, ma vie,
sans toi sur qui compter.

emma salerno

Te revoir ce jour–là
après toutes ces années
m'a brisé le cœur.

Voir que tu n'as pas changé
et pourtant tout est différent :
rien n'est plus comme avant.
Il ne reste plus rien de notre histoire,
tu n'en as plus aucun souvenir.

Pourtant moi, je m'en souviens :
je me souviens de nos rires et de ton sourire.
Des moments que nous avons
partagés ensemble.

les pétales de mon cœur

C'est à peine si tu m'as regardé
lorsque nos regards se sont à nouveau
croisés pour la première fois.

Tu ne m'as pas souri comme tu le faisais
auparavant quand nous nous retrouvions
en fin d'après-midi.
Je voulais voir dans ton regard que j'étais
encore quelqu'un pour toi,
que tu ne m'avais pas complètement oubliée.
Et pourtant rien : ton regard était de glace
et ne cherchait pas le mien.

Tu étais toujours le même :
même chevelure, même allure.
Le son de ta voix était identique,
cette mélodie qui me disait autrefois
« *Je t'aime* ».

emma salerno

Tout était identique, sauf toi et moi.

Côte à côte, tels des étrangers
qui ne seraient jamais vus
et dont les chemins
ne se seraient jamais croisés.

les pétales de mon cœur

Comme si nous n'avions aucun passé
ensemble.
Que tu ne connaissais même pas
mon prénom, qui je suis
et toutes nos anciennes conversations.

Tu m'as oubliée.

Laissée avec les fantômes de ton passé.

Dans cette histoire, aucun ne s'en sortira sans égratignures, sans marque ni rancœur.

Contre elle-même, elle tomba dans son jeu sachant pertinemment qu'elle ne ressentait rien pour lui.
Cela l'amusait pour la première fois de voir quelqu'un prétendre l'aimer.

« Prétendre » parce qu'elle pensait qu'être aimée lui était interdit, que personne ne pouvait poser son regard sur elle et avoir envie de la connaître, être touché par l'être qu'elle était.

Et pourtant lui prétendait être : il prétendait
vouloir tout vivre avec elle, tout partager
et savourer toutes les émotions et sentiments
que la vie pouvait leur offrir.

Peut-être qu'il l'aimait, oui,
mais elle ne pouvait pas y croire.
Elle se méfiait, pensait que les personnes qui
l'appréciaient étaient uniquement là pour lui
faire du mal, qu'ils n'étaient pas normaux
de s'attacher à elle.

les pétales de mon cœur

Cela n'était même pas imaginable une seule
seconde que cette histoire soit réelle.

Elle passait pourtant son temps à s'attacher à
n'importe qui. Pour elle, aimer quelqu'un
était normal. Mais être aimée en retour :
ça, elle ne connaissait pas, avait l'impression
que c'était inaccessible voire incompatible
avec la personne qu'elle était.

Pourquoi elle et pas une autre ?
Pourquoi cette fille angoissée
pour un tout ou rien ?
Une fille sensible,
perdue entre rêves et réalité.
Une fille qui n'a connu que des déceptions
tout le long de sa vie.

Elle ne comprenait pas et lui se battait pour
qu'elle croie aux sentiments de son cœur.
Mais tout ceci ne venait pas jusqu'au sien,
cela paraissait seulement passager
et non fondé.

Peut-être qu'un jour,
elle apprendra à l'aimer,
ou alors il l'aura déjà laissée
tant elle l'aura fait patienter.

les pétales de mon cœur

Il n'a pas répondu à mes derniers messages,
lui qui me répondait si vite autrefois.

D'une minute à l'autre, je l'ai perdu,
d'une minute à l'autre,
je n'ai plus eu de ses nouvelles.

Il m'a laissée seule dans le doute
et l'incertitude, dans l'incapacité de savoir
simplement comment il allait.
Il savait bien que je m'inquiète sans cesse,
que je cherche toujours à protéger les
personnes qui m'entourent au détriment
de ne pas savoir me protéger moi-même.

Mais il est parti,
parti sans même me dire
pourquoi.

emma salerno

Pour quelles raisons m'a-t-il offert
ce silence ?
A-t-il trouvé mieux que moi,
m'a-t-il remplacé alors qu'il me disait
qu'il ne le ferait jamais ?
Je lui avais tant donné,
avais tant voulu l'aider.

Il s'est éclipsé quand les choses
sont devenues compliquées.
J'ai pourtant eu besoin de lui
au moment où il est parti.

les pétales de mon cœur

Je l'aimais.
J'aimais le fait qu'il s'inquiétait pour moi,
qu'il était toujours présent
et prêt à me faire sourire.
J'aimais le fait que lui et moi étions soudés.

Et tout ça me manque :
il me manque.

J'ai encore les cadeaux qu'il m'avait offerts.
La lettre qu'il m'avait écrite ainsi que tous les
petits mots qu'il avait glissés dans l'enveloppe.

Je me souviens du ressenti que j'avais eu
lorsque je les avais lus pour la première fois.
C'était comme si le monde devenait plus
agréable à mon égard, que l'amour allait
sauver mes états d'âme.
Que ce qu'on s'apportait l'un à l'autre
pouvait nous sauver et nous montrer
que la vie mérite d'être vécue.

les pétales de mon cœur

Mais cette image que je m'étais créée,
cette illusion pour laquelle j'avais pris goût
s'est subitement arrêtée.
Il a commencé à s'éloigner,
à m'ignorer de plus en plus.
Et malgré ça, j'attends toujours son retour :
qu'il revienne en me disant qu'il a fait une
erreur et qu'il regrette la tournure
des événements.
Qu'il me dise qu'il m'aime.

Mais je sais qu'il ne le fera pas,
qu'il ne reviendra pas.

Tant pis pour moi et puis tant pis pour lui.
Je n'attendrai pas indéfiniment qu'il revienne
dans ma vie, je n'attendrai pas qu'il me dise à
nouveau « *Je t'aime* ».
Je n'attendrai pas qu'il me demande
quand est-ce que nous pourrons nous revoir.

emma salerno

Non, je n'attendrai pas, je ne l'attends plus.

Il ne reste désormais plus que des souvenirs,
des mensonges et des regrets de nous deux.

les pétales de mon cœur

Mon monde ne s'arrêtera pas parce que tu as
décidé de le quitter, je ne vais pas mourir
à cause de ton absence.
Chaque jour, j'avancerai en gardant la tête
haute, certes, en pleurant quelques fois,
car je ne pourrai jamais empêcher
ma tristesse de s'exprimer :
mais elle ne gagnera pas.

Les larmes ne me feront pas chavirer.

Je veux vivre même si tu ne fais plus partie de
ma vie, je veux danser même si tu ne seras pas
là pour me regarder. Je veux rigoler même si
tu ne seras pas la raison de mes éclats de rire
et je veux sourire même si ça ne sera pas
lorsque tu seras là.

Je vais vivre.
Je vais vivre et je ne m'effondrerai pas
éternellement en pensant à toi.

les pétales de mon cœur

Les larmes que tu as provoquées,
les tourments ainsi que les nuits
à me demander comment
nous en sommes arrivés là,
à me demander si je suis la raison
de ce silence,
ou si c'est juste toi qui t'es réveillé
un beau matin en te disant
que tu ne voulais plus de moi.

Tu es parti, je dois l'accepter,
aller de l'avant et évoluer.

Je vais probablement mettre du temps à
accepter ton absence, à accepter que je ne
puisse plus compter sur toi et que je ne suis
plus celle avec qui tu voulais être.

J'aurais probablement pendant longtemps
cette déchirure au cœur,
mais je surmonterai tout ça.

Je vais vivre, en laissant de côté
tous les dilemmes de notre passé.

les pétales de mon cœur

Si je t'envoyais une dernière lettre,
je te dirais à quel point tes actions
m'ont blessée, à quel point
tes mots résonnent encore
dans mon esprit jour et nuit.

emma salerno

À quel point tu as brisé l'espoir en moi.
Que dorénavant les étincelles n'existent plus
suite à ton départ.

les pétales de mon cœur

Tu devais changer ma vie, y apporter une
touche de magie et tu as fini par la détruire.
À détruire ce qui me définissait, qui j'étais.

Maintenant, j'erre désespérément dans les
rues de ma ville en voyant ton fantôme
et nos souvenirs partout.
En tentant de retrouver celle que j'étais
avant ton départ, celle que je ne serai plus
jamais et que tu as emportée avec toi.

Celle que j'étais avant que
ma vie n'éclate en morceaux.

emma salerno

Il y aura toujours une part de toi en moi,
dans les chansons que j'écoute
et dans les livres que je lis.

Tu seras toujours caché quelque part
dans ma mémoire,
dans mon passé à jamais.

la playlist de mon cœur

right where you left me – Taylor Swift
logical – Olivia Rodrigo
Reckless – Madison Beer
Peter – Taylor Swift
Set Me Free – Joshua Bassett
how many things – Sabrina Carpenter
All Too Well – Taylor Swift
vampire – Olivia Rodrigo
loml – Taylor Swift
Dangerous – Madison Beer
Only a Matter of Time – Joshua Bassett
The Winner Takes It All – ABBA
my tears ricochet – Taylor Swift
favorite crime – Olivia Rodrigo
tolerate it – Taylor Swift
King of Everything – Madison Beer
Taxi – Angèle
illicit affairs – Taylor Swift
1 step forward, 3 steps back – Olivia Rodrigo

les pétales de mon cœur

Je déteste le fait qu'après tout ce temps,
tu aies encore un impact sur moi.

Que lorsqu'on ne me
répond pas au téléphone,
je pense que c'est toi
qui m'abandonnes encore.
Que lorsque j'aperçois un visage qui
ressemble au tien, j'ai l'impression que tu es là
devant moi et que tu t'excuserais pour tout
ce que tu m'as fait.
Je déteste le fait que tu me manques.

Je déteste regretter ton absence,
haïr ce silence infini
qui est la seule chose qui nous relie.
Je déteste la manière dont tu as tourné le dos
à notre histoire, la manière dont
tu m'as oubliée.

emma salerno

Je déteste la douleur que tu as créée,
les larmes que tu as provoquées
et tout ce que tu as pris de moi.

Si tu savais comme j'ai souffert,
à quel point,
je ne pourrais jamais redevenir
celle que tu as connue et que tu as aimée.

les pétales de mon cœur

Je déteste t'avoir fait confiance, t'avoir aimé
et avoir voulu être à tes côtés pour l'éternité.

Pourtant, un fragment de mon être aimerait
tant que tu reviennes.
Ce fragment-là qu'il me reste aimerait que
tu me dises que tu ne repartiras plus comme
ça indéfiniment,
que tu ne m'abandonneras plus
et que sans moi,
le monde est trop compliqué.
Que tu aies à nouveau besoin de moi,
que tu t'intéresses à moi
comme tu le faisais autrefois.

Pourtant, c'est inévitable que tout cela ne
serait encore que des mensonges,
des paroles que tu dis,
mais que tu ne prends pas en compte.

Je m'en voudrai toujours de t'avoir aimé
et de t'avoir fait confiance.
Tu auras heurté à jamais mon existence.

les pétales de mon cœur

J'ai toujours fait tout ce que je pouvais pour te protéger et ne pas te blesser.
Cependant, toi,
            tu n'as pas hésité une seule seconde à me détruire.

Le monde était beau à tes côtés.
Dorénavant, il n'est plus que fade.

Je ressens ton absence chaque seconde.
Chaque battement de mon cœur
me brise un peu plus.

Pourquoi vivre si tu ne fais plus
partie de ma vie ?

les pétales de mon cœur

Mon cœur se serre en pensant à toi.

Tu as placé des épines dans mon cœur
et personne ne peut retirer
ces ronces qui me piquent.

emma salerno

Prends-moi dans tes bras.
Montre-moi que j'existe encore pour toi.

Montre-moi que malgré tout ce que nous
avons vécu, j'existe encore dans ton cœur.

Et que tu m'aimes toujours.

Je suis terrifiée à l'idée de ne plus le revoir.
De ne plus pouvoir croiser son regard
et tenir sa main dans la mienne.

Je suis terrifiée à l'idée que tout ceci ne puisse
être qu'une parenthèse qui ne se reproduirait
peut-être plus jamais.
Terrifiée de ne plus pouvoir revivre ces
moments, terrifiée que ça soit la fin
indéfiniment.

Les angoisses me rongent et dans mes rêves,
la nuit, je ne vois que ça :
je n'aperçois que toi et moi.

Je ne veux pas tout perdre encore une fois.

J'ai découvert le bonheur
et on me l'a subitement
arraché des mains.

Je me suis offert un bouquet de tulipes
lorsque tu es parti.

Celui que tu m'avais un jour promis de
m'offrir.

Je voulais pouvoir passer ma main
dans ses cheveux pour l'éternité.
Apprécier la douceur de son regard
et ses éclats de rire.
Être celle qu'elle choisirait
pour le reste de sa vie.

les pétales de mon cœur

Je voulais lui montrer que je pouvais l'aimer
et réparer son cœur
que tant de gens ont abîmé.

Qu'elle comprenne que je l'aime
et que mon amour pour elle pourrait
l'aider à calmer toutes ses tempêtes.

Je voulais lui faire comprendre ce que c'était
d'être réellement aimé,
qu'elle voit la différence
et la bonté de mes gestes à son égard.

les pétales de mon cœur

L'aimer était mon plus grand rêve.

Mais c'est une autre,
qu'elle a choisi d'aimer
pour l'éternité.

les pétales de mon cœur

Il y a ces soirs où tu me manques.

Où tu me manques *beaucoup*.

Où tu me manques *tellement*.

emma salerno

Ces soirs où l'envie que tu sois là,
allongé près de moi,
prend toute la place dans mon esprit.
Ces soirs où je ne peux penser
à rien d'autre qu'à toi,
où rien d'autre n'existe à part
l'absence de ton corps contre le mien.

les pétales de mon cœur

La sensation du lit vide,
mes mains recroquevillées
contre moi-même
et les larmes
que j'essaie de retenir.

Ces larmes qui me rappellent
à chaque seconde
à quel point
ça me fait mal
d'être loin de toi,
à quel point je voudrais
que tu sois là
et que tu ne repartes pas.

Dis-moi que bientôt tout cela sera fini.

Dis-moi que bientôt,

nous serons réunis pour la vie.

les pétales de mon cœur

Une part de moi
t'appartient toujours.

Tu seras pour toujours
la première personne
à qui j'ai un jour
donné mon cœur.

emma salerno

J'ai rencontré un garçon qui te ressemble.

Dans son regard, je revois le tien,
les traits de ton visage
et le sourire que tu avais.

les pétales de mon cœur

Comme une impression
que la vie nous redonne une seconde chance
par le biais de quelqu'un d'autre.

Peut-être qu'avec lui
l'histoire se finira bien mieux
que la nôtre.

emma salerno

Il a cette légèreté que tu avais.
Cette capacité à faire sourire et rire les gens
dans les moindres situations.

Et j'aime cette légèreté-là,
le fait qu'avec lui tout est simple comparé
à ce que nous avions vécu.

Peut-être que lui m'aimera de la manière
dont tu aurais dû le faire.

Peut-être que lui ne partira pas,
qu'il ne m'abandonnera pas.

les pétales de mon cœur

Il y a un an, on venait à peine
de se rencontrer.

On apprenait à se connaître petit à petit,
à découvrir tout de l'autre
en appréciant chaque détail.

Il y a un an, tu me disais encore
« *Je t'aime* ».

les pétales de mon cœur

Aujourd'hui, tu prononces ces mots
à une autre.

Tu lui dis tout ce que tu me disais
chaque jour.
Tu l'appelles de la même manière
dont tu m'appelais
et tu lui parles des mêmes sujets
dont tu me parlais sans cesse.

Sait-elle que c'est moi
qui connaissais tout de toi ?
Qui connaissais toute ta vie
et tout ce que tu aimes ?

Sait-elle à quel point j'ai pleuré pour toi ?

À quel point j'ai attendu
jour et nuit que tu reviennes ?

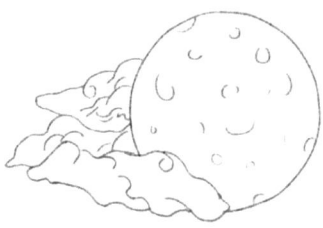

les pétales de mon cœur

Et toi,

sais–tu à quel point tu m'as brisée ?

Ensemble l'année dernière.
J'en ai des vertiges rien que d'y penser.

Une année sans toi est si vite passée.
Il y a un an, nous étions pourtant
tellement liés.

Ta présence me manque.
Tes mots me manquent.

les pétales de mon cœur

Reviens dans ma vie,
reviens près de moi.

Je t'en supplie.

Je t'ai écrit tous ces textes pour transformer ma peine en art.

les pétales de mon cœur

Je disais ne pas t'aimer.
Mais comment aurais-je pu avoir autant mal
en te perdant si je ne t'aimais pas ?

Comment aurais-je pu avoir l'impression
de tout perdre si je ne t'aimais pas ?

Comment ai–je fait pour être aveugle à ce point-là, croire que tu n'étais rien pour moi ?

Tu étais devenu tout ce qui comptait le plus et je t'ai vu disparaître, tout prendre de moi et t'en aller.

les pétales de mon cœur

**Tu n'avais pas encore touché mes lèvres
que tu avais déjà transpercé mon cœur.**

Le cœur déchiré par son absence,
les larmes montent.

les pétales de mon cœur

Tu me laisses indéfiniment avec une blessure
dans le cœur.
Une entaille dans la poitrine qui me consume
quotidiennement.

Mon cœur souffre de tes mensonges
et du manque de toi.
De tes mots et des espoirs que tu m'as volés.
De ma vie qui ne sera plus jamais la même,
d'une partie de moi que tu as prise
en partant loin.

emma salerno

Peut-être que de temps en temps,
tu penses encore à moi.
Peut-être que par moments,
tu te remémores que j'ai un jour existé dans
ta vie, que j'ai eu une place dans ton cœur.

Peut-être que des fois,
tu te souviens de nos moments ensemble,
de nos fous rires et de nos moments de joie.
De l'amour, qu'il y avait entre toi et moi.

les pétales de mon cœur

Peut-être que je suis encore là,
enfouie au creux de ton cœur,
même si tu ne le veux pas.
Peut-être que tu ne peux pas te débarrasser
de moi et du souvenir de mes bras.
De mes cheveux que tu aimais tant,
de mon sourire
et de mes lèvres que tu rêvais d'embrasser.

Peut-être que tu voudrais revenir pour tout reconstruire.
Reprendre ta place dans ma vie.

Je suis toujours là où tu m'as laissée.

La place que tu avais dans mon cœur n'a pas
changé :
j'attends toujours ton retour.

Que tu reviennes :

**_voilà ce que je
voudrais_**.

les pétales de mon cœur

Je sais très bien que cela
ne pourra jamais arriver,
que je ne serai plus jamais tienne.

Mais certaines choses,
certains éléments,
te feront penser à moi.
De la même manière
dont certaines choses,
me font tant penser à toi.

emma salerno

Trop de choses que je n'ai pas pu te dire.
Tellement de rancœur dans mon cœur,
de peines et de larmes
que tu ne connaîtras jamais.

Tant de choses que tu as brisées
et dont tu n'en verras jamais la couleur.

les pétales de mon cœur

Mon cœur t'appelle pour te supplier d'arrêter
cette tempête que tu as provoquée.
Mais tu ne feras rien.

Tu me laisses dans le blizzard pour l'éternité.

Tu ne mérites pas toutes ces pages.
Mais j'ai ressenti le besoin de les écrire.

les pétales de mon cœur

Elle était si belle.
Et notre amitié, à mes yeux, était si chère.

Je l'aimais dès le premier jour,
étais admirative de son sourire
et de sa joie de vivre.

J'ignorais les fêlures de son passé
dont elle ne m'avait jamais parlé,
de ses larmes perpétuelles
et du mal-être qu'elle ressentait.

Je voulais être une amie sur qui elle pouvait
compter : je voulais pouvoir l'aider.

Mais elle m'a fermé la porte de son cœur
et depuis : j'apprends à vivre sans elle.

emma salerno

Lui parler me manque,
recevoir des messages de sa part,
ou bien encore de pouvoir apercevoir
le sourire qu'elle avait.

Elle était cette once d'espoir qui scintillait
dans mon cœur :
ce soleil qui brillait.

Mais peut-être que le soleil qu'elle représente
n'avait rien à vivre avec
la lune que je suis.

Cette lune qui préfère briller lorsque le
monde entier n'est pas là pour la regarder :
rester cachée par peur de déranger
et de ce qu'il pourrait se passer
si le monde l'apercevait.

Le soleil qu'elle est, vit
et expérimente des choses :
elle ne reste pas cachée de la même manière
dont je le fais si bien.

Peut-être que nos univers ne sont
effectivement pas compatibles.
Pourtant, je l'aimais
et j'étais tant attachée à elle.
Mais dorénavant, le soleil brille de son côté
et la lune de l'autre.

Peut-être qu'un jour,
les étoiles sauront me consoler
de l'avoir perdue.

les pétales de mon cœur

J'aurai toujours une profonde douleur
suite à ton départ.
Des mots à poser sur le papier,
et des tonnes et des tonnes de lignes
à t'adresser.

Comme si écrire sur toi
te ferait revenir.

« *Tu n'as pas encore tourné la page* »
m'a–t–on dit.

Ce n'est pas faux : j'écoute toujours des
chansons qui me font penser à toi.
Je pense toujours à nous
et à ceux que nous étions.

Je me demande toujours ce que tu fais.
Où tu en es dans tes projets.

les pétales de mon cœur

Je veux encore savoir ce qu'elle a de plus que
moi, ce que ses bras et ce que sa bouche
a de plus que la mienne.

Découvrir ce que tu as fait pour m'oublier.
Ce que j'ai fait pour être rejetée de la sorte.

Je voudrais que tu m'aimes à nouveau,
que tu m'appelles et que j'entende encore
une fois le son de ta voix.

Que tu me dises *« Je t'aime »*.
Et que tu ne veuilles plus
une nouvelle fois
me perdre.

Je voudrais que tu regrettes.
Que tu détestes m'avoir abandonné
et que sans moi la vie aurait
comme perdu toutes ses saveurs :
ce que j'ai si bien ressenti
lorsque tu es parti.

Je voudrais que tu reviennes.
Que tu m'aimes à nouveau,
encore
et pour *toujours.*

les pétales de mon cœur

L'automne et l'hiver :
c'était lui.

C'était l'aimer
puis le perdre.

C'était les odeurs de cannelle
et les chocolats chauds.

Les marchés de Noël et le pain d'épice.

C'était m'imaginer dans ses bras
près de la cheminée.

L'appeler en fin de soirée pour se raconter
nos journées et discuter
jusqu'à ce que le sommeil nous emporte.

les pétales de mon cœur

C'était ne pas savoir comment bien l'aimer,
mais vouloir quand même essayer.

Éclaircir ses journées
et chasser ses nuages.

C'était tomber amoureuse de lui petit à petit.

Les rues décorées pour Noël
et l'atmosphère magique
de notre première rencontre.

les pétales de mon cœur

C'était croire que nous aurions
une fin digne des films de Noël,
même si on riait sans cesse
des scénarios de ces films-là.

Croire à l'amour éternel
entre nous deux.

C'était lui et moi dans la rue,
se faisant un câlin
qui s'avérait être le dernier.

les pétales de mon cœur

Lui, regardant mes lèvres,
avec une furieuse envie de les embrasser.

emma salerno

Un an après,

la prochaine saison,

le prochain mois
d'automne et d'hiver : le voilà parti.

les pétales de mon cœur

Je l'ai détesté pour ce qu'il a fait.
Lui en ai voulu tant de fois.
Et ai pleuré plus de fois
que je ne pouvais l'imaginer.

emma salerno

Tant de fois
que j'en ai oublié
la beauté
de ce que nous avions
vécu.

Je n'avais que des remords,
des regrets
et du chagrin.

L'impression que le perdre, c'était me perdre.
De ne jamais pouvoir récupérer
ce qu'il m'avait volé.

L'impression que vivre sans lui
était impossible.
Que j'allais mourir
sans son amour.

emma salerno

Que l'avenir sans lui n'existait pas.

Que les oiseaux ne chanteraient plus jamais.

Et que le monde serait plongé
dans le désespoir pour l'éternité.

Je l'ai aimé.
Même si je l'ignorais encore
à ce moment-là.

emma salerno

S'il lit ces mots,
il saura très bien
que c'est de lui
dont je parle.

Je lui avais dit
que je ne l'oublierai
jamais
et qu'il ferait partie de moi
pour l'éternité.

les pétales de mon cœur

Il sera pour toujours *l'automne et l'hiver.*

Nous vivrons pour toujours dans ces pages.

Et moi,
je resterai pour toujours celle qui sera restée
à l'attendre.

Celle qui l'aimait si intensément qu'elle lui
a dédié la majorité de ce chapitre.

Voici ma lettre
d'adieu.

Je l'ai aimé,
il me manque,
mais je vais aller
de l'avant.

Pense à moi de temps en temps
comme je pense à toi.

Et ne m'oublie pas.

les pétales de mon cœur

Moi, je ne t'oublie pas.

Je ne t'oublierai jamais.

Il a fait flétrir mon cœur.

Mais un autre a su ramasser mes pétales
tombés sur le sol,
pour me refaire fleurir de plus belle.

Le soleil s'est levé

Les nuages se sont dissipés.

Les éclaircies sont arrivées.

Le printemps a montré le bout de son nez.

Puis l'été a ensuite pris sa place.

Le soleil s'est finalement levé

et mon monde s'est à nouveau mis à briller.

Les roses de mon cœur

Le printemps et l'été m'ont ranimé.
Les roses de mon cœur se sont remises
à fleurir.

La nature a repris ses belles couleurs.
Les roses sont rouges et les tulipes
sont roses.

L'amour et la joie se réveillent à nouveau
dans mon univers.
J'aime à nouveau, d'un amour passionné.

Des pensées,

j'en ai par millier.

Enfouies, bien cachées,

elles défilent au rythme de la journée.

Chaque fois que le soleil se lève,

je pense à toi.

Et c'est tout ce en quoi je crois.

C'est toujours toi et encore toi.

Comme si le monde tournait uniquement

pour te voir ou bien te parler.

C'est bien étrange tout cela,

de ne penser qu'à toi.

Mais sans ta présence, l'espoir ne serait plus là.

Et je ne serai plus de ce monde.

Aussi étrange soit-il,

tu es ma raison de vivre.

Il ne me manquait que ça :
une dernière petite lueur d'espoir.

La dernière pièce manquante du puzzle pour
ranimer mon cœur brisé.
Tu es arrivée et tu as tout changé.
En l'espace de quelques minutes,
mon monde s'est réanimé :
je n'avais jamais ressenti cela auparavant.
C'est comme si le destin t'avait fait apparaître
dans les moments les plus sombres de ma vie.
Comme une étoile,
tu éclaires tout sur ton passage,
redonnes lumière et espoir à mon cœur.
Tu es ce que j'attendais
et que j'ai toujours espéré.

Elle a dans le regard une sorte d'étincelle.
Quelque chose d'hypnotisant
qui donne envie
de la regarder sans cesse.

emma salerno

Une manière de me fixer,
quelque chose de magique
qui se produit chaque fois
qu'elle pose ses yeux sur moi.

Je m'y noie,
me noie *dans la beauté de son regard.*
la sincérité de son sourire,
le son de sa voix
et de son rire.

Tout chez elle me paraît magique,
tout est si simple en sa présence.
Tout change à ses côtés,
tout paraît plus beau et illuminé.

Elle est tout simplement lumineuse.
Illumine tout sur son passage.

Je ne sais comment cette histoire finira :
si un jour elle s'en ira loin de moi
ou bien si elle restera avec moi.

Je me souviendrai toujours de ce jour
où elle est arrivée
pour chambouler tout ce qui m'était arrivé
dans le passé.
Et pour me donner de *l'espoir.*

les pétales de mon cœur

J'ai sans cesse peur.
Et ce dont j'ai le plus peur :
c'est de te dire que
je t'aime.

Si c'était à refaire, je recommencerais :
je revivrais sans cesse notre histoire en
tournant indéfiniment les pages
de notre livre.

Je revivrais chaque passage, chaque chapitre
et chaque émotion comme si je la vivais à
nouveau pour la première fois.

Je revivrais le moment où j'ai eu le courage
de te dire *« Je t'aime »*, la première fois que
tes lèvres se sont posées sur les miennes,
la première fois que tu m'as tenu la main.

les pétales de mon cœur

Tout ce qu'on a vécu,
tous les beaux souvenirs
que nous avons ensemble.

Je ne veux jamais avoir à fermer ce livre.
J'aimerais qu'il se termine
comme ceux des livres de contes de fées :

« *Et ils vécurent heureux
jusqu'à la fin des temps* ».

Tu es mon nouveau rêve.

Mon nouvel espoir.

les pétales de mon cœur

Inconnu d'un jour,
inconnu de toujours.

Nos regards se sont croisés
en cette matinée de juillet :
la mer au loin
et le soleil qui venait à peine de se lever.
Je ne savais pas qui tu étais,
ne connaissais ni ton nom
ni ton prénom.
Tu étais simplement cet inconnu
aux cheveux bruns, mystérieux
et pensif dans ton coin.

emma salerno

Ce mystère m'interpella,
je voulais en savoir plus :
quelles étaient tes passions,
ton livre préféré
et la chanson pour laquelle
tu ne peux t'empêcher
de danser ?

J'aurais voulu tout connaître,
connaître chaque détail
de ta personnalité.

Mais je n'ai pas osé faire un pas.
J'ai simplement regardé
de temps en temps
dans ta direction,
pour voir si ton regard croiserait le mien.

Tu étais l'inconnu de ce jour,
peut-être que je te reverrai un jour ?

Dans le cas contraire, si tu ne réapparais
jamais : je garderai le souvenir de cette idylle
éphémère, entre ciel et mer.

Je ne veux pas te perdre.

les pétales de mon cœur

Je ne veux pas connaître de journées durant
lesquelles tu ne ferais plus partie de ma vie.

Je ne veux pas connaître la douleur de ton
absence, le poids de ton silence.

Je ne veux pas vivre sans toi à mes côtés
pour l'illuminer.
Sans ta lumière pour me rassurer.

emma salerno

Je ne veux pas ne plus pouvoir te dire
« *Je t'aime* »,
faire comme s'il ne s'était rien passé
et qu'on ne se serait jamais aimé.

Je voudrais t'aimer pour l'éternité,
ne jamais clôturer notre histoire
et chaque matin me réveiller
en sachant que tu es à mes côtés.

T'aimer un peu plus chaque jour,
te remercier d'être présent dans ma vie.

les pétales de mon cœur

Car sans toi, mon monde serait trop gris,
trop fade et vide de sens.

Tu es la lumière,
celui qui ramène le soleil dans ma vie.

Je t'aime comme je n'ai jamais aimé
auparavant et comme si le monde
s'était mis à briller depuis que tu es là.

Il est le soleil qui chasse mes nuages,
le printemps après l'hiver.
L'arc-en-ciel après la pluie
et l'espoir d'une nouvelle vie.

les pétales de mon cœur

Grâce à lui, le bonheur est de retour
et un sourire est à nouveau visible
sur mon visage.

Il apparaît et remet tout en place,
recolle chaque morceau de mon cœur
comme s'il était un puzzle.

emma salerno

Personne n'a autant d'importance
que lui dans ma vie,
je n'aime personne de la manière
dont je l'aime.

Sans lui, tout est gris,
mais *avec lui tout brille.*

les pétales de mon cœur

Il a cette facilité à chasser tous mes tracas,
à veiller à ce que je ne sois pas seule
face à mes démons.

Et il sait me rassurer,
trouver les bons mots pour calmer
mes tempêtes.

emma salerno

Je n'ai aucune envie qu'il disparaisse
du jour au lendemain, sans raison et sans mot.

Je n'ai aucune envie de le perdre,
que notre histoire me glisse entre les doigts.

Je ne veux pas le voir un jour devenir
un étranger que j'ai aimé
et que nos chemins ne se croisent plus jamais.

emma salerno

L'espoir revient grâce à lui :
grâce à sa présence,
aux mots qu'il me dit
et à l'amour qu'il me porte.

Il sera pour toujours ce que j'ai de plus cher,
celui qui a la présence la plus magique.

Celui qui a ramené
les étoiles dans ma vie.

Les jours de pluie me rappelleront toujours ta venue dans ma vie.

emma salerno

Ta main dans la mienne,
et le vent qui soufflait
dans nos oreilles.
La froideur de mon corps
face au tien qui me réchauffait.
L'attention que tu me portais
et la confiance que je te donnais.

Cette impression de tomber amoureuse de toi
une deuxième fois :
d'avoir autrefois uniquement connu ton âme
et aujourd'hui de connaître
l'intégralité de ta personne.

les pétales de mon cœur

Cette impression d'être enfin en sécurité
dans les bras de quelqu'un.
L'impression qu'il n'y avait plus que toi
et que le monde s'était arrêté
de tourner ce jour-là.

Durant l'espace d'un instant,
j'avais l'impression d'être une personne sans
aucun souci ni tracas, qui n'avait rien vécu
de négatif dans sa vie.

Qui méritait d'être aimée,
d'être heureuse
et de vivre de belles choses.
Je ne pensais pas pouvoir un jour
mériter tout ça.

emma salerno

Mais ce jour-là j'avais l'impression que je
n'avais plus à être forte constamment,
que je n'avais plus à sans cesse me battre
pour simplement vivre.

C'était comme si tu étais là
et que j'étais enfin protégée :
protégée de tout et des ténèbres
avec lesquelles je vis en permanence.

Si je pouvais me battre contre
tes démons et tes angoisses :
je le ferais.

Je les ferais taire afin qu'elles te laissent voir
la personne incroyable que tu es.

Que tu puisses te voir tel que je te vois :
que tu voies la magnifique personne
que j'ai dans mes bras,
que tu te rendes compte
de la valeur que tu as.

les pétales de mon cœur

Je ne veux pas être une âme passagère :
je veux marquer ton cœur à vie
et lui faire comprendre qu'il mérite
d'être aimé tout le long de sa vie.

Je veux soigner tes plaies,

et *empêcher les prochaines de se créer.*

les pétales de mon cœur

Je raconte notre histoire aux étoiles
pour qu'elles ne nous séparent jamais.

Je raconte à la lune à quel point tu éclaires
et rassures mes inquiétudes
et je dis au soleil que ta présence
dans mon cœur illumine et réchauffe tout.

emma salerno

Je ne peux respirer que si tu es là.

Je ne peux exister que si tu tiens ma main
dans la tienne et que tu ne la lâches pas.
Je ne peux être sereine uniquement
si tu me dis que
« *Tout va bien se passer.*».

Il n'y a que toi qui peux réussir à me rassurer.
Il n'y a que tes mots qui peuvent
me permettre de croire en moi.
Uniquement tes *« Je t'aime »*
peuvent autant faire battre mon cœur.

Je voudrais que tu restes avec moi tous les
jours.
Avec moi pour toujours.

Que rien ne nous sépare,
que rien n'efface notre amour.

Je voudrais pouvoir me réveiller
chaque matin à tes côtés.
Sentir ma main dans la tienne
et tes baisers sur mon front.
Je voudrais pouvoir affronter chaque épreuve
de la vie avec toi, regarder le soleil se lever
et se coucher en sachant que tu es là.

T'aimer toujours plus, toujours plus fort.
Il n'y a que toi qui peux me comprendre,
que toi qui me permets d'être moi-même
et *que toi que je n'ai pas envie de perdre.*

les pétales de mon cœur

L'amour que je te porte m'élève.
Le monde semble plus beau
depuis que tu es là.

Grâce à toi,

les roses paraissent encore plus belles.

Je ressens encore
la sensation de tes lèvres
posées sur les miennes,
celle de tes bras
me serrant fort contre toi.

Quoi qu'il arrive :
tu es marqué à jamais dans mon cœur.

Quoi qu'il arrive,
il y aura toujours ton prénom
et ton visage dans ma vie.
Il y aura une part de toi en moi
pour toujours,
dans mon cœur à jamais.

L'amour que je te porte,
qui ne disparaîtra pas,
l'importance que tu as,
qui jamais ne s'effacera.

les pétales de mon cœur

Il n'y a que toi dans mon cœur.

Tous les textes que j'écris te sont dédiés :
ils parlent de nous, de ce qu'on vit toi et moi.

Je ne pense qu'à toi tout le temps,
tu es tout ce dont j'ai rêvé toute ma vie.

Je t'aimerai pour toujours.

Je t'ai écrit une lettre d'amour.
Une lettre dans laquelle j'ai exprimé
tout ce que je ressens pour toi.

les pétales de mon cœur

J'ai écrit des lignes et des lignes sur
l'importance de mes sentiments pour toi.
Je t'ai écrit à quel point je t'aime.
Et de toutes les manières dont tu conviens
à mon bonheur.

J'ai écrit sur toi, sur moi, sur nous.

Notre avenir, notre passé et notre présent.

les pétales de mon cœur

Je t'ai écrit *« Je t'aime »* tant de fois
que je ne saurais les compter.
Je voulais que l'intensité
de mon amour pour toi se ressente.

emma salerno

J'ai écrit sur ton absence, le manque
que je ressens lorsque tu n'es pas là.
L'odeur de la pièce sans toi,
la sensation de ma main vide
sans toi pour la tenir.

J'ai écrit sur le ciel gris, les volets fermés
et l'odeur du petit-déjeuner
sans toi à mes côtés.

les pétales de mon cœur

J'ai aspergé cette lettre de mon parfum
pour que tu n'oublies pas l'odeur
des roses lorsque je suis loin de toi.

Et j'ai laissé une trace de mon rouge à lèvres
pour t'envoyer un baiser.

emma salerno

Ô, je crois que je suis amoureuse.
Amoureuse d'elle et de moi : de nous.
De la passion qui m'emporte quand je la vois.

Quand nos corps se touchent par hasard,
mais ne repoussent pas ce geste.

les pétales de mon cœur

Ses lèvres sur les miennes
avaient le goût du paradis.

L'impression d'avoir des ailes
pour pouvoir voler à ses côtés.

Bientôt, je serai à nouveau près de toi.

Bientôt, je serai à nouveau dans tes bras.

Bientôt, je retrouverai le bonheur.

Même à des centaines de kilomètres,
je continuerai de l'aimer,
car c'est lui, que mon cœur a choisi.

les pétales de mon cœur

Ses mots résonnent dans mon esprit
comme les paroles des chansons que j'adore.

la playlist de mon cœur

Lover – Taylor Swift
we fell in love in october – girl in red
willow – Taylor Swift
Daydreamin' – Ariana Grande
Paper Rings – Taylor Swift
Teenager in Love – Madison Beer
You Belong With Me – Taylor Swift
needy – Ariana Grande
You Are In Love – Taylor Swift
Video Games – Lana Del Rey
Nothing Matters But You – Madison Beer
pov – Ariana Grande
Heaven is You – Joshua Bassett
Sparks Fly – Taylor Swift
Cinnamon Girl – Lana Del Rey
so american – Olivia Rodrigo
imperfect for you – Ariana Grande
So High School – Taylor Swift

J'aime la bonté de ses gestes à mon égard.
J'aime sa main dans mes cheveux
et dans mon cou,
l'impression qu'il n'y a plus que nous
et que rien d'autre ne compte.
J'aime son odeur, le sentir près de moi.
J'aime l'aimer plus que tout,
l'embrasser de partout.
J'aime lorsqu'il pose ses mains sur moi,
qu'il m'attrape et qu'il ne me lâche pas.

J'aime quand il m'embrasse,
quand je sens nos corps collés l'un à l'autre.
J'aime passer ma main dans ses cheveux,
caresser son visage.

Me rendre compte que je suis sienne
et qu'il est mien.

Ses lèvres me manquent.
Ainsi que le contact de sa peau
contre la mienne.

emma salerno

La chaleur de nos corps
et les respirations qui s'enflamment.

Ce désir que j'avais de lui
et cette envie
qu'il me redessine de la forme de ses mains.

les pétales de mon cœur

L'envie que rien n'arrête ce moment,
que lui et moi restions ainsi pour l'éternité
et que les minutes et les heures n'existent
plus. L'envie d'être seule, mais avec lui.
Qu'il n'y ait personne d'autre à nos côtés.

emma salerno

J'aime toutes les cicatrices
qui recouvrent son corps.
Toutes les fêlures de son âme
que *j'ai envie de soigner.*

Cette envie de le protéger pour toujours,

d'être toujours là à ses côtés.

De passer ma main dans ses cheveux
et d'embrasser son front
pour lui montrer que je suis là.

Je veux l'aimer.

L'aimer toute ma vie.

emma salerno

Que rien ne retire un jour cet amour
que nous éprouvons l'un pour l'autre.

Je n'écris que
sur l'amour.
Je n'écris que
sur la sensation
de ses lèvres posées
sur les miennes,
que sur sa main entrelacée
dans la mienne
et sur l'effet que
produit
le contact
de nos peaux.

Je ne parle que d'amour.
Du fait de l'aimer plus que tout
et d'être amoureuse de lui.

Peu importe la distance et l'éloignement :
nos cœurs battent l'un pour l'autre.

La rencontrer
était comme découvrir
ce qu'était la véritable définition de l'amitié.
De pouvoir compter sur quelqu'un
et d'être apprécié pour sa juste valeur.

les pétales de mon cœur

De ne pas avoir peur d'être qui l'on est,
d'aimer ce qu'on aime
et de pouvoir parler sans crainte d'être jugé.

Elle est l'amie dont j'ai toujours rêvé.

La meilleure amie tant souhaitée.

Les minutes défilent bien trop rapidement

lorsqu'il est avec moi.

Ne pouvons-nous pas arrêter le temps,

et rester ainsi pour toujours,

toi et moi ?

Je voudrais pouvoir caresser son visage
pour l'éternité.
Embrasser ses lèvres un milliard de fois,
être dans ses bras pour toujours.

T'aimer est comme découvrir
quelle est la véritable définition de l'amour.
Et me fait écrire

tous ces textes amoureux.

emma salerno

Je voudrais pouvoir
parcourir le monde avec toi.
Tout vivre, tout découvrir.
Je voudrais pouvoir t'aimer toute ma vie.
Et que tu m'aimes tout aussi intensément.

les pétales de mon cœur

J'attendrai sans cesse notre vie ensemble :

l'absence d'au revoir,

les jours de bonheur que nous vivrons,

tous les deux,

réunis pour la vie.

Les couleurs du printemps et le soleil d'été.

les pétales de mon cœur

Amoureuse de l'amour,
je vis pour des rencontres qui changent
le cours d'une vie.

De mains qui se frôlent
puis qui s'entremêlent,
de lèvres qui n'attendent que de se rejoindre
et de cœurs qui ne peuvent s'empêcher
de vouloir se revoir.

Amoureuse de l'amour,
je vis pour aimer sans relâche.
Ne pas savoir m'arrêter d'écrire sur la
personne qui détient mon cœur et de ne
jamais pouvoir m'arrêter de penser à elle.

Amoureuse de l'amour,
je vis pour le manque que provoque
la personne lorsqu'elle est loin de nous,
de cette envie de la revoir plus que tout
et d'imaginer en boucle comment
les retrouvailles se dérouleront.

Amoureuse de l'amour,
j'aime toujours trop fort et trop intensément.
Comme si subitement le monde ne tournait
plus que pour la personne que j'aime.

Amoureuse de l'amour,
quand j'aime : j'aime passionnément.

les pétales de mon cœur

Tu m'avais dit ces si jolis mots :

« *Tu as déposé des papillons dans mon cœur.*

Et des pétales sur mes plaies pour les soigner.»

Remerciements

Je tiens à remercier toutes les personnes qui m'ont soutenue pour la création de ce recueil, qui m'ont aidée et redonné confiance lorsque je doutais.

Je veux également te remercier, toi, cher lecteur : toi qui as feuilleté ces pages, lu mes mots, découvert mon univers, qui je suis et ce que j'écris.
Cela semble tellement extraordinaire de me dire que mes mots prennent vie, qu'ils sont devenus un recueil après avoir été pendant cinq ans, sur les posts de mon compte Instagram.

Un immense merci à Tony qui a réalisé toutes les illustrations du recueil. Je suis admirative du travail qu'il a fourni : les dessins, la couverture : tout est magnifique. Un grand merci à lui. Je suis ravie que ce soit lui qui m'ait rejoint dans ce projet <3.

En tant que grande romantique, je ne peux vivre sans amour. Et en tant que grande amatrice de romances, mon premier livre ne pouvait pas ne pas parler de cette thématique-là. L'écriture m'a permis de donner un sens à ma vie, de poser des mots sur mes émotions et de m'aider à aller mieux.

Tant de choses se sont passées durant ces cinq dernières années et tout ça, c'est grâce à toutes les personnes qui se sont, un jour, mises à lire mes écrits. Je vous remercie infiniment d'avoir fait de mon rêve une réalité <3.

J'espère que ce recueil vous aura plu, que vous aurez voyagé dans mon univers et que certains textes, ou bien encore citations, auront résonné en vous.

Les pétales de mon cœur prend fin ici.

Tous mes autres écrits sont disponibles sur
mon compte Instagram : *@plume_espoir.*
Je vous aime tous très fort <3

À très bientôt,

Emma